AF401558

RÉFUTATION

DES

IMPUTATIONS DE TRAHISON

PORTÉES

CONTRE LE LIEUTENANT-GÉNÉRAL

RAPHAEL MAROTO,

OU

RÉPONSE PRÉALABLE AUX CHIMÈRES ET CALOMNIES DÉBITÉES TANT PAR LES OJALATEROS, QUE PAR LE FOURBE JÉSUITE CASARES, CONTRE LE CHEF DE L'ARMÉE ET LES HOMMES GÉNÉREUX QUI ONT PARTICIPÉ A LA PACIFICATION DES PROVINCES BASQUES;

PAR

AUDIBERT-LEDUC,

SOLDAT PHILANTHROPE, SPECTATEUR DES ÉVÉNEMENS.

BAYONNE,
IMPRIMERIE ET LITHOGRAPHIE DE LAMAIGNERE.

SEPTEMBRE 1839.

CONSIDÉRATIONS

SUR

L'ESPRIT DE L'ÉPOQUE.

Respect au preux dont le cœur noble,
Que révoltait l'atrocité,
Sut dompter, d'une ligue ignoble,
La rage et la férocité!
Honneur à lui! car les seuls traîtres
Sont ces capucins et ces prêtres,
Ces moines et ces apostats
Souillés des plus noirs attentats!

La partie éclairée du public, que sa sagesse exempte de funestes préventions, nous saura d'autant plus de gré d'éclairer sa religion sur les événemens précurseurs de la pacification de l'Espagne, que quiconque possède une âme noble, ne peut qu'être affligé à l'aspect de ces hideux débordemens de fiel, dont il semble que, de nos jours, la génération prenne à tâche d'empoisonner l'esprit social.

Ce serait peu, si ce n'était que l'affreux scandale, triste résultat de la corruption; mais après la peste, le typhus et le choléra, nous ne connaissons point d'épidémie plus contagieuse et plus funeste, que celle soufflée par le vent de l'intrigue, secouant les brandons de la discorde, transportant leurs flammèches au milieu des partis éteints et servant à alimenter les honteuses spéculations de sales pamphlétaires. Opprobre à cette tactique machiavélique qui, s'abandonnant à une démence furibonde, brise violemment tous les freins en attaquant avec audace les réputations les plus glorieusement établies. Si se préserver entièrement des atteintes du fléau est parfois au-dessus de la puissance humaine, il est du moins facile de reconnaître les symptômes du mal, qui se révèlent par la soif ardente de se créer une importance illusoire et de se poser en victime, lorsqu'on n'a pu parvenir à faire prévaloir le système de la plus horrible oppression.

Au milieu des travers et des infirmités d'esprit dont notre époque abonde, la maladie régnante la plus invétérée prend sa source dans une ambition démesurée. En effet : de nos jours, c'est à qui, sans antécédens, sans talens, sans titres et sans capacité, s'ingèrera effrontément de se poser en contrôleur et de se déclarer, sans hésiter, juge compétent sur toute espèce de matières. Dans ces temps de fraude et de fourberie où l'intrigue seule parvient, où la calomnie en vogue fait fureur, la tactique adoptée par ceux qui visent à produire de l'effet, est de vociférer, pamphléter, médire et déblatérer en énergumènes, sans s'inquiéter au préalable, ni des caractères intègres qu'ils attaquent, ni des funestes résultats qui pourraient être les conséquences de leurs machinations.

Celui-ci, le lendemain de sa sortie du collége, rêveur inspiré par les boursouflures de la rhétorique, se croit appelé à régenter la société; celui-là, sans être le moindrement du monde initié dans les ramifications de la politique qui équilibre les empires, ne balancera pas à tenter de résoudre, par des argumens téméraires, les questions les plus épineuses et les problémes les plus ardus. Cet autre enfin, traitant en véritable histrion, le grand art de la guerre, la science stratégique des batailles et les combinaisons administratives les plus compliquées, critiquera tels mouvemens, blâmera telles opérations : bien que la tactique des combats comme les prévisions qui s'y rattachent, soient du domaine exclusif de l'homme de génie, éclairé par une longue et indispensable expérience.

Il ne faut donc plus s'étonner si, au milieu de ces débordemens d'erreurs, à travers cette affluence de discours frivoles et de paroles en l'air, un officier-général aussi recommandable que D. Raphaël Maroto est accusé de perfidie, de vénalité et de trahison. Ne soyons pas surpris de ce que chacun renchérissant à qui mieux mieux, et faisant assaut de calomnies, *porte tantôt à quatre ou à six, tantôt à huit ou à dix millions*, le montant prétendu de la somme supposée, exigée par ce chef de l'armée factieuse, pour accorder son adhésion à l'heureuse transaction de Bergara. Mais à quoi servirait aux accusateurs de s'enquérir des considérations de force majeure qui ont provoqué ou déterminé cet acte? A quoi bon préciser la quantité d'or soi-disant offerte et présumée reçue? Qu'importe l'absurdité de l'assertion? Pourquoi s'arrêterait-on sur l'invraisemblance du fait et le manque absolu de preuves? Les épithètes de lâche et de traître sont ronflantes, sonores; et l'offensé n'est-il pas d'ailleurs trop éloigné comme trop haut placé, pour que ses détracteurs, confians dans l'impunité, aient à redouter les effets de sa juste indignation ?

RÉFUTATION.

Un soldat obscur tel que nous, aurait peut-être dû se dispenser d'entreprendre la défense de l'honneur indignement outragé, dans la personne du général en chef de l'armée carliste; la réputation de cet honorable chef n'avait, à bien prendre, nul besoin du secours de notre plume; car la postérité, nous en sommes intimement convaincu, saura rendre à la mémoire de D. Raphaël Maroto un éclatant et universel hommage. Cependant, lorsqu'une foule de pamphlets comme de libelles injurieux tapissent les murailles de nos cités affligées; quand une quantité de journaux mal informés des événemens clabaudent, lorsque jusqu'au *révérendissime* père Casarès tente de répandre à grand flots sa bile corrompue sur le caractère estimable de l'homme de bien; notre imagination révoltée nous entraînant à présumer de nos forces, nous avons pensé qu'il appartenait à un vieux militaire, imbu des principes du métier, pénétré des sentimens de loyauté que commande l'uniforme et sachant parfaitement discerner la limite de devoirs imprescriptiblement tracés; nous avons, dis-je, reconnu qu'il était de notre dignité de combattre l'erreur, de confondre l'astuce et de poursuivre à outrance la perfide hypocrisie.

Pour qui peut parler le langage du cœur, le talent n'est qu'un accessoire; le ciel, d'ailleurs, qui protége le juste, secondera une aussi noble entreprise.

Dans un temps où la calomnie est érigée en système et où une fourmilière d'écrivains improvisés, plus ou moins exaltés, plus ou moins consciencieux, et partant plus ou moins véridiques; confians dans l'impunité, n'ayant en vue que de se rendre agréables en flattant bassement les passions du jour, font impudemment de métier marchandise; à une époque, dis-je, où l'intrigue s'acharne à dénigrer jusqu'aux actions les plus méritoires et aux dévouemens les plus sublimes, qu'il nous soit permis de nous préserver d'une aussi déplorable infirmité.

Si attaquer d'une manière aussi bénévole qu'inconsidérée, et au dépourvu de toutes preuves, la haute réputation d'un guerrier sans tache et d'un chef profondément vénérable, est le propre d'écervelés que la jactance étourdit et que les passions aveuglent; que dire de l'inconcevable légèreté comme de la niaiserie stupide de ces publicistes spéculateurs qui se laissent si facilement entraîner à combattre, le lendemain, l'opinion basée qu'ils ont soutenue la veille? Que penser de ces écrivains sans foi, dont la plume vénale se contredit à chaque phrase, et qui, changeant du blanc au noir, comme du rouge au vert, aussi souvent que de posture, se font un jeu d'être du matin au soir en contradiction patente et flagrante, tant avec leur propre conscience, qu'envers les lois de l'équité ?

Que dites-vous, insensés? que supposez-vous, tartufes? D'où partent ces cris absurdes de trahison et de félonie? Vous n'hésitez pas à affirmer qu'un preux du caractère de Raphaël Maroto, a forfait à l'honneur, vendu sa conscience, parjuré ses sermens et terni en un seul jour une carrière de trente années de gloire ? Ah ! misérables ! vous affectez de le méconnaître, et votre crime est d'autant plus grand, qu'il est impossible que vous ne pensiez le contraire de vos perfides assertions ! Arrêtez! arrêtez !.. vous qui osez profaner la vertu ! Lisez attentivement ces pages ; lisez-les ! je vous y condamne...... Et s'il vous reste quelque sentiment de pudeur, si vous êtes susceptibles de remords, que la honte et la confusion soient désormais votre partage !

Considérant qu'on ne saurait envisager, sans pouffer de rire, les imperturbables doléances ni écouter avec flegme les vociférations et les récriminations outrées dont, depuis quelques jours, des écrivains exaltés comme des péroreurs fougueux fatiguent nos regards et étourdissent nos oreilles;

nous pensons qu'il convient, pour leur répondre *ad rem*, de varier notre style, attendu qu'il conviendrait peu d'employer le ton sérieux en réfutant des allégations ultrà-burlesques.

Définitivement, MM. DE LA TORRE-GORDA, DE LA CASA-ALTA, DE LA ESPADA-LARGA, DE MONTE-MAYOR, et DE MATTA-MOROS, avec vos imputations de félonie et vos cris de trahison, nous prenez-vous pour des melons pastèques ou pour des cornichons confits dans la crême ? Supposez-vous par hasard nous rendre dupes d'une mystification ? Pensez-vous nous faire accroire que l'obélisque de Luxor est une aiguille à tricoter ? ou que vos roussins bâtés, originaires de l'Arcadie, soient des coursiers Arabes pur sang ?

Que signifient, s'il vous plaît, toutes ces plaintes amères, lorsque, sous nos propres yeux depuis deux ans, vous manœuvrez de façon à nous convaincre que, de part et d'autre, vous vous sauviez réciproquement la mise de votre enjeu.

Loin de nous l'intention déloyale de révoquer en doute le courage et la résignation des troupes Espagnoles ; nous sommes au contraire convaincu de tout ce que l'on pourrait en attendre si elles étaient bien encadrées, parfaitement disciplinées et convenablement administrées ; si, surtout, les emplois influens ainsi que les grades, au lieu de devenir trop fréquemment l'apanage du privilége et d'avantager de chétifs adolescens, n'étaient ac-

cordés qu'au mérite reconnu , à la capacité virile,
et dévolus à des hommes expérimentés.

Ce que nous retraçons ici, ne tend qu'à démontrer la complète insignifiance de cet état d'hosti-
lité où, entre parens, amis et concitoyens, les
partis ont le bon sens de s'épargner mutuellement,
ce dont nous les félicitons avec sincérité. Mais
quand il est reconnu jusqu'à l'évidence (1) que les
99/100es des deux armées en présence ainsi que la
masse des populations désolées, las des excès
d'une guerre impie, n'aspiraient qu'à recouvrer
les bienfaits de la paix; arriver, après deux ans
de pourparlers, à conclure une transaction deve-
nue indispensable, sans consulter les intérêts des
moines, des capucins et des jésuites, ne saurait
être taxé de trahison. Revenons à dépeindre la
situation, en reprenant notre langage de soldat
observateur.

On avouera bien, je pense, qu'il serait pyrami-
dalement dérisoire d'appeler hostilités ces deux
ou trois escarmouches annuelles, où les partis,
séparés par d'immenses ravins et se tenant im-
perturbablement à la portée respectueuse des
fusées à la congrève, sont parvenus à brûler ou
gaspiller, dans quelques mois, *plus de sept cent
mille kilogrammes de poudre;* alors que le ré-

---

(1) Voir la justification écrite par Maroto lui-même, et où ce général
présente les listes volumineuses des chefs de juntes provinciales , des
nombreux généraux et chefs de corps connus qui lui ont adressé par
écrit l'expression manifeste de leurs désirs et leur ferme volonté de
voir mettre un terme à ce déplorable état de choses.

sultat de chaque action (1) se bornait à deux hommes tués, sept blessés, onze *contusionnés,* deux prisonniers malades et une mauvaise bicoque démantelée, que la garnison évacuait fort commodément, au bout de soixante-neuf heures de blocus et de tranchée ouverte.

Le vieux sergent *Marco*
Carajo!
Dit qu'ça n'peut aller guère,
Quand les *muchachos*
Et les *majos* (2)
Fument sur le derrière
Carajo!
Est-ce qu'on peut faire la guerre.
Carajo!
Par le procédé Daguerre?

(1) Etant demeuré, pendant neuf mois consécutifs, de service d'observation sur l'extrême frontière, nous avons été à portée de suivre en plein midi, de pic en pic, à vol d'oiseau et la lunette à la main, le plus petit mouvement des parties belligérantes, et nous sommes d'autant plus en mesure de connaître approximativement la proportion moyenne des pertes, qu'à l'issue de l'action de Véra, nous nous occupions de l'enlèvement des blessés et que, dans une autre circonstance, à Endarlatza, nous les avons pansés nous-même.

(2) Fragiles mignons et pantins satinés, sorte de prostitution ambulante des camps, s'alimentant de bouillie et de confitures. Bien que ces gens soient d'ordinaire le type de l'ineptie, un orgueil démesuré ne les fait pas moins gonfler et reluire comme de gluans crapauds. Pendant que les soldats *prennent des positions* à la baïonnette, ces messieurs, trop prudens pour compromettre leur toilette, se contentent de *prendre le chocolat*, à 5 ou 6 kilomètres de tout danger. Il est vrai que cela a pour but de les préparer à *charger* et *hacher* à coups redoublés de...... crayon, sur le papier, *les ombres* de paysages croqués dans la perspective. Cependant, bons Espagnols, consolez-vous, car toutes les armées constituées du globe ont plus ou moins de *Majos.*

Sans nous adresser à ceux des officiers et soldats qui, dans ces diverses occasions, ont fait de part et d'autre leur devoir, nous dirons à MM. les *Ojalateros*, (1) que la pacification indigne : Convenez donc franchement, qu'abandonner une contenance aussi peu belliqueuse, pour rentrer dans un état de paix profonde, c'est absolument comme qui passe de l'assoupissement au sommeil, avec toutefois cette avantageuse différence : que s'il vous prend maintenant la fantaisie de bâiller ou d'éternuer, l'habitant de ces provinces désolées ne sera plus *alboroté* par la crainte de dévastations, de meurtres, de pillages, d'incendies, de contributions forcées, et de la violation du sexe!....

Je conçois qu'il peut être fort divertissant, pour de jeunes cadets, de se promener à travers les populations subjuguées, la poitrine bariolée de toutes les couleurs prismatiques de l'arc‑en‑ciel, en traînant avec fracas de longues rapières, et de passer au milieu des bonnes d'enfans, en faisant retentir sur un pavé raboteux des éperons sonores. Il est non moins agréable, sans doute, de passer le reste du temps à ne rien faire ou à se

(1) Le nom d'*Ojalateros*, ou feseurs de vœux, a été inventé et adopté par la causticité pénétrante des soldats de Raphaël Maroto, pour désigner et stygmatiser du ridicule cette abjecte canaille, cette tourbe de non valeurs et de non combattans qui encombraient l'armée, principalement le quartier-royal du prétendant. L'égoïste voracité de ces ogres sybarites épuisait toutes les ressources. Quant à leur dévouement, il se bornait à faire des vœux et des signes de croix pour demander que l'Espagne revienne au temps du règne de Charles-Quint. Leur devise était : *Viva el rey absoluto y siga la inquisicion !* Vive le roi absolu et le rétablissement de l'inquisition!....

distribuer les rangs, les titres, les grades et les décorations avec cette facilité que l'on met

A dar un cigarito	A donner un cigarre
O hechar un polvito.	Ou répandre une prise.

Je comprends qu'il soit commode de vivre aux dépens du paysan, en s'emparant comme des vainqueurs, des clefs de l'armoire, du buffet, du grenier, de la cave, de l'écurie et voire même de l'alcôve!... Je ne révoque pas en doute les attraits *del monte* (jeu de carte), les qualités pectorales et stomachiques de la pâte de cacao, ainsi que la *saudunga, la gracia y la sal*, (la désinvolture, les charmes et le piquant) de certaines *maritornas* (servantes). Mais quant au pauvre soldat, cet homme si éminemment estimable et si impudemment dédaigné par des *muchachos* (moutards) qui négligent de lui rendre son salut, bien qu'ils mendient sa protection! quant à ces braves gens qui, vivant paisibles dans leurs foyers, en ont été arrachés par la violence et furent depuis retenus par la crainte! quant à ces bataillons que d'infâmes charlatans excitaient à combattre pour une cause diamétralement opposée aux intérêts de la patrie; quant à ces déplorables victimes de la fureur des partis; quant à ces malheureux qui, durant six années, loin de partager les délices d'Estella et d'Oñate, se traînaient nu-pieds, couverts de haillons en lambeaux, rongés par la misère, gravissant nuit et jour les rochers, continuellement exposés à l'intempérie des saisons, sans solde, sans secours, exténués de fatigue et de faiblesse : à moins de les supposer plus stupides que des *machos* (mulets) et plus idiots que des *pavos* (dindons), messieurs les moines, capucins, jésuites, ojalateros et majos leur permettront peut-être bien, je pense, de ne pas trouver leur position excessivement confortable et délectable.

Je tiens de nombreux témoins et notamment du capitaine de cavalerie D. Antonio de *Theubet*, retiré à Bayonne trois mois avant les arrangemens, que depuis long-temps la grande âme du généreux *Maroto* gémissait de voir que les ressources de toute nature, attirées et centralisées au quartier de D. *Carlos*, au lieu d'être employées à secourir les troupes qui combattaient sur la ligne, étaient au fur et à mesure accaparées et absorbées par l'égoïste voracité de la tourbe des *Ojalateros*. Le plus bel éloge que ces officiers puissent faire du général Maroto, c'est que, lorsqu'après les désastres de Peñacerrada, l'armée carliste anéantie et terrorifiée se trouvait réduite à deux doigts de sa perte ; le prince, le conseil, le peuple et l'armée n'élevèrent qu'une seule acclamation pour rappeler au pouvoir le seul homme jugé capable de préserver le parti du naufrage ! Ce génie protecteur, cette ancre de salut, c'est le mortel vertueux dont aujourd'hui quelques ingrats s'efforcent vainement à flétrir la conduite.

En acceptant le commandement, le nouveau chef ne dissimula pas au prétendant comme à ses ministres, la ferme résolution où il était d'arriver à une pacification généralement desirée, en évitant autant que possible l'effusion du sang espagnol. Néanmoins, pénétré du vieil adage *si vis pacem parra bellum*, il s'empressa de réorganiser les cadres délabrés, la discipline méconnue, l'administration en complet désarroi; et son dévouement actif comme sa fermeté inébranlable, parvinrent à rétablir en peu de temps l'harmonie des diverses branches qui constituent une armée. Peines, travaux, dangers, fatigues, privations, sacrifices de fortune (1), rien ne fut épargné par lui pour justifier le choix glorieux dont il venait d'être honoré. Est-ce là le rôle d'un traître?

Après avoir représenté la situation critique des soldats, entreprenons maintenant de peindre un tableau non moins déplorable et beaucoup plus hideux.

Nous devons faire ici une profession de foi formelle, en déclarant du fond de l'âme : qu'il ne saurait entrer dans nos vues de porter la moindre atteinte à une saine religion, ni d'attaquer la généralité des prêtres de l'Espagne. Nous avons encore bien moins l'intention de froisser en rien

---

(1) Près de deux millions furent par lui empruntés à Bayonne et à Bordeaux, sur hypothèque de ses biens, pour subvenir aux premiers besoins des troupes. Quel est celui de ses détracteurs qui en eût fait autant ?

le caractère respectable du clergé français ; surtout, lorsque s'interdisant scrupuleusement toute
action en dehors de la sphère du spirituel, il se
borne exclusivement à prêcher la concorde et à
assurer le triomphe de la morale évangélique. Le
sacerdoce, placé dans cette situation éminemment recommandable, ne peut qu'inspirer l'es-
time respectueuse et provoquer la profonde vé-
nération des gens de bien. Par malheur, il n'en
est point ainsi des sectes jésuitiques et monacales.

Le plus puissant motif qui nous ait déterminé
à entrer en lice pour combattre les agressions de
ces sectes pernicieuses, c'est qu'il est parvenu à
notre connaissance que la compassion du généreux D. Raphaël Maroto avait déja deux fois épargné la vie au *révérend* père Casarès, lequel moine
furibond, abjurant tous sentimens de pudeur,
vient de publier un libelle fulminant contre son
bienfaiteur, contre le noble mortel dont il eut la
bassesse d'implorer la clémence ! Cette conduite
ignoble du lâche fanatique, nous rappelle la fable
du laboureur et de la couleuvre !

> *Caricature* et *Figaro*,
> Pendant ces dernières années,
> Que n'étiez-vous aux Pyrénées
> Pour voir Basile et Tejeiro ?
> Et toi, dont les crayons burlesques,
> Croquait si bien les traits grotesques,

2

Que n'as-tu pu, *Charivari*,
Esquissant l'étrange ourvari,
Contempler à loisir ces moines
Aux mentons bardés de trois couennes,
Et ces dégoûtans capucins
Plus sauvages que des oursins!
De Saint-Antoine la peinture,
N'offre auprès qu'une miniature.

. . . .

. . . .

Certes, si jamais spectacle colossalement cocasse et d'une stupidité ébouriffante, fut susceptible d'exciter l'hilarité, tout en provoquant des nausées, c'est incontestablement celui qui vient d'être offert aux populations du 19e siècle, stupéfaites d'un aussi révoltant cynisme!

En effet : que l'on se représente le hideux amalgame de ces fainéans hypocrites, surchargés d'une graisse immonde, escortés de ces sales mendians couverts de fange, emblème de leur âme...., affublés de frocs, de rosaires et de capuchons souillés de crasse, etc., etc., etc., fourmillant pêle-mêle, à travers les provinces consternées. Que l'on se figure cette cohue de fanatiques furibonds, rongés par la lèpre et la vermine, bavant le fiel, écumant la rage, et paradant tels que des saltimbanques, derrière un simulacre de manteau royal, dont ils complotaient de faire leur *palladium*, pour atteindre à dominer par la terreur.

Respect au preux dont le cœur noble,
Que révoltait l'atrocité,
Sut dompter, d'une ligue ignoble,
La rage et la férocité !
Honneur à lui ! car les seuls traîtres
Sont ces capucins et ces prêtres,
Ces moines et ces apostats
Souillés des plus noirs attentats !

Oui ! les seuls traîtres sont ces jésuites astu-
cieux et ces pervers cénobites qui, exploitant la
faiblesse de D. Carlos, se sont acharnés à illuminer ce prince en incriminant, dans sa pensée, les
conseils salutaires que lui dictait le dévouement de
son serviteur le plus fidèle. Ce sont eux qui soufflè-
rent au prétendant sa dernière et brutale réplique:
« *Je tiens*, dit-il, *ma couronne du droit divin, et
roi par ma naissance, je ne prétends faire aucune
concession ;* » ce qui équivalait à répondre : que
périsse l'Epagne entière, que meure jusqu'au dernier soldat, et que le dernier toit s'écroule em-
brasé, plutôt que de consentir jamais à sortir
des ténèbres ! Cette boutade inqualifiable rendait
désormais la situation de Raphaël Maroto extrême-
ment critique. Menacé par le poison et le fer des
assassins, ce général n'ayant pas même la latitude
de déposer le commandement, eut l'admirable
énergie de réprimer la sédition en châtiant, d'une
façon exemplaire, l'audace de quelques conjurés.

Dieu seul sait combien de victimes eussent été immolées, si ce père du soldat avait eu la lâche perfidie de fuir, en abandonnant toute responsabilité morale.

La politique des puissances étrangères, lasse de contempler cette horrible guerre d'assassinats et de représailles, mue par un sentiment de compassion, reconnut l'impérieuse nécessité de conseiller une transaction à laquelle la France elle-même n'était peut-être pas éloignée de donner humainement son adhésion. Il s'agissait, dit-on, de réunir les partis divisés et de mettre un terme au fléau en stipulant le mariage de la jeune Isabelle avec le prince des Asturies, fils de D. Carlos. Cette combinaison basée sur les principes constitutionnels, était en outre conforme aux dispositions de l'Infant, doué de sagesse et d'un esprit éclairé.

Toutefois, un axiome palpable, c'est qu'un arrangement philanthropique ne saurait convenir à MM. les jésuites, ils y perdraient évidemment toute influence. Dès lors, plus de composition possible avec cette secte et ses illuminés; *les traîtres sont donc ceux qui ont soufflé le feu de la discorde.*

C'est l'empire exercé par les moines et jésuites, sur la faible cervelle du prince, qui porte le général Maroto à dire dans son manifeste: *Je voulais me dévouer aux intérêts de D. Carlos, mais l'ingratitude, compagne inséparable de l'orgueil et du despotisme, ferma les portes à mes espérances.*

Ce que les moines et jésuites entendent par *faction Marotiste*, qu'ils taxent d'immorale et de traîtresse, se compose de l'ensemble des quatre provinces où régnait le théâtre de la guerre, c'est-à-dire : de la Biscaye, l'Alava, la Navarre et le Guipuzcoa, provinces épuisées par les ravages et contributions, comme révoltées des brigandages et vexations dont depuis six ans elles se voyaient continuellement accablées. Ce que *les factieux Révérends Pères* comprennent encore dans le nom de *faction*, c'est l'élite de l'armée carliste, c'est cette armée elle-même toute entière; en un mot : ce sont ces chefs de juntes, ces nombreux officiers-généraux et cette multitude de chefs de corps qui, représentant devant le général Maroto les vœux de l'immense majorité des habitans comme des troupes, lui ont déclaré, dans les termes les plus précis, la ferme résolution que manifestaient les masses d'en finir irrévocablement avec les insolentes prétentions du jésuitisme et de la monacaille.

Quand l'hypocrite père Casarès, l'un des nombreux conjurés qui obtinrent grâce devant le général en chef, vient accuser aujourd'hui son libérateur d'être *un lâche, un vil assassin, un homme sanguinaire;* ces seules imputations émanant d'un moine, sont la plus complète apologie de D. Raphaël Maroto, en ce que, prenant le contre-pied de l'assertion, on doit en conclure pour la preuve de sa magnanimité. D'un autre côté, un argument

non moins victorieux frappera encore ici les con-
victions ; c'est que si le très - petit nombre de
ceux dont on a dû faire à Estella une prompte
justice, ne s'étaient pas reconnus énormément
coupables, l'approche du chef de l'armée ne les
eût pas fait frémir au point de se cacher sous le
sale froc de capucins, pour tenter de se soustraire
à un châtiment qu'ils reconnaissaient conscien-
cieusement n'avoir que trop mérité.

Quiconque a compris l'immense responsabilité
physique et morale qui pèse sur un chef d'armée,
ne saurait révoquer en doute l'indispensable nécessité qui a prescrit les exécutions d'Estella. Il
en est de l'art de commander, surtout en fait de
subordination militaire, comme de celui de la
chirurgie : l'un et l'autre exigent parfois l'emploi
des moyens violens ; l'un et l'autre doivent inspirer une prompte et salutaire détermination.

De même que dans certains cas, pour cicatriser
une plaie, il faut savoir appliquer à propos la cau-
térisation, ou pratiquer l'amputation qui doit préserver le corps humain de la gangrène, de même
on doit opérer sur le corps social et principalement dans les camps, en présence de mille tracas
et obstacles. Buonaparte en Egypte dut rappeler
sévèrement Kléber à l'ordre : plus tard les Ca-
doudal, les Pichegru, les Moreau s'exposèrent aux
conséquences de leur témérité. Il en fut de même
à une autre époque des Mallet, Guidal et Lahorie.
Si ces généraux furent jugés, c'est que l'on n'é-

tait pas en campagne dans l'intérieur, ni menacé d'une double guerre civile, et que là où il n'y a ni moines ni jésuites, on peut presque toujours temporiser pour accomplir les formalités.

Un général se montrerait indigne de commander à de braves gens, si, durant la guerre, il négligeait de maintenir parmi ses troupes la plus sévère comme la plus exacte discipline. Or, le chef pusillanime qui en pareil cas fermerait les yeux sur la sédition ou la révolte, trahirait le plus sacré de ses devoirs et se rendrait coupable du crime de lèse-patrie. Dans une situation aussi critique, il ne saurait au contraire trancher trop profondément afin d'obtenir l'assurance que le mal étant extirpé jusqu'à la racine, il n'existe plus dans les rangs aucuns symptômes de corruption.

L'acceptation des *fuéros*, qui vient d'être proclamée par les *cortès*, prouve assez combien durent être grands les efforts du noble général Maroto pour obtenir cette concession qui, en raison de la discorde répandue par les jésuites, dans les troupes factieuses, ne pouvait plus être acquise les armes à la main. Cet acte de générosité du parti vainqueur ne fait pas moins d'honneur au caractère loyal du général Espartero dont le crédit immense n'a pas peu contribué à cette décision conciliatrice. Il y a peu d'exemples que des hommes de cœur, ayant appris à s'apprécier, puissent se résoudre à mettre en usage le honteux emploi des subtilités.

L'expérience des faits démontre donc jusqu'à satiété que les intérêts des provinces Basques n'avaient aucun rapport avec la cause du prétendant, et surtout rien de commun avec les prétentions exagérées d'une poignée d'intrigans absolutistes ou de fanatiques visionnaires.

En ce qui concerne la brochure publiée par M. Marcos Harris, l'ayant lue attentivement, nous avons vainement cherché à y découvrir la moindre base de fondement et la plus légère ombre de preuves susceptible d'étayer le moindrement ses accusations. Il y a plus : c'est que le contenu de cette brochure ne nous a présenté qu'un amas désordonné et confus d'idées décousues, dont l'ensemble, fulminante diatribe, attaque plutôt le caractère de D. Carlos et de ses conseillers que la personne du général en chef.

Médire, déchirer, dénigrer et offenser ne prouvent absolument rien, sinon que l'auteur, vivement impressionné par le dépit, s'est laissé entraîner par la colère, péché capital, surtout en fait d'argumentation. On conçoit d'ailleurs que cet officier anglais, qui agissait auprès du prétendant dans l'esprit du parti tory, a été trop gravement désappointé par les événemens de Bergara, pour être à même d'écrire avec impartialité l'histoire; de pareilles dispositions ne sauraient permettre à M. Harris de faire un seul prosélyte parmi les gens qui réfléchissent et raisonnent à froid.

Quant au lâche libelle vomi par l'incandescent

moine Casarès, ce langage ordurier ne peut émaner que de la cervelle d'un fanatique imbécile, mordu par quelque animal hydrophobe. Ce fougueux démagogue se reporte sans doute à la chaire du 14ᵉ siècle, et, dans son inconcevable illusion, se croit encore, comme les imposteurs de cette époque, environné de niais et d'aveugles disposés à se laisser illuminer par la captieuse faconde de fantasques sermons.

Croyez-nous, messieurs les absolutistes et disciples de Loyola, gens à conceptions étroites et à volontés rétrogrades, il devient désormais inutile de vous marteler l'imaginative pour trouver des conspirations là où il n'y a que le dégoût général de votre perfide système et l'horreur profonde que vos forfaits inspirent à l'univers entier.

On peut juger du sort que MM. les moines et jésuites réservaient à l'Espagne dans le cas où ils auraient triomphé, par les abominables excès en tous genres où ils s'abandonnaient au sein même du pays qui leur donnait hospitalité et qui combattait pour eux. Depuis deux ans nous avons eu maint exemple de pères de famille et d'époux incommodes contre lesquels les affidés de la cour obtenaient de D. Carlos un ordre d'exil formulé en ces termes : *Mientras veinte y quatro horas, Vm. tiene que salir fuera de mis dominios !*

Le maître de la maison une fois exilé, les provocateurs de l'arrêt s'installaient en son lieu et place, entre la mère, les enfans, la cuisine et la cave.

D. Raphaël Maroto, en se plaçant à la hauteur de sa mission sublime, a prouvé qu'il joignait à un jugement sain, les qualités brillantes de l'homme de guerre, et les profondes vertus du philosophe éclairé. Un jour, la postérité lui érigera des statues et les générations révèreront tant de stoïcisme !!

Espagnols, braves des deux camps ! rendez grâce au Dieu des armées, qui a voulu que vos chefs respectifs fussent réciproquement dignes de s'estimer, de se comprendre et d'opérer la grande œuvre qui les honore et les immortalise !

Il n'y a en Espagne que trois classes de gens qui peuvent y regretter sincèrement la domination du parti moine, appuyé sur l'inquisition, et dans lequel s'était aveuglément laissé entraîner la faiblesse d'un prince cagot; ce sont : 1° les maris tenant à honneur de jouer près des *révérends* pères le rôle d'*al*....... de leur famille; 2° ces Messalines impudiques et délirantes qui, sous le spécieux prétexte de la confession, se livrent dans de dégoûtantes orgies (1) à tous les excès du liber-

---

(1) Un riche négociant de Cadix, *Gallego* (Galicien) portefaix, que son ordre, son économie, sa probité et son surcroît d'intelligence industrielle avaient rendu l'un des Crésus de l'Andalousie, possédait dans cette ville un hôtel ou palais bâti en marbre, sous le toit duquel j'ai moi - même habité. Or, voici l'anecdote chronique que je tiens pour l'avoir recueillie sur les lieux même, de la bouche de témoins contemporains de l'événement.

Ce négociant, nommé G ......, possédait sous son vaste hôtel de nombreuses caves garnies des meilleurs vins, et sa table, à laquelle il sacrifiait quotidiennement une once d'or, était des mieux approvisionnées en fait des mets les plus recherchés. S'étant un jour aperçu d'une diminution sensible parmi les bouteilles de son plus délicieux liquide,

tinage le plus effréné; 3° enfin, les vagabonds
sans aveu qui, vivant d'aumônes, servent tour à

et d'une augmentation effrayante dans le budget des dépenses de la se-
maine, il manda son maître-d'hôtel et le somma d'avoir à lui expliquer
d'où pouvait provenir un tel désordre. Le majordome, confus des re-
proches de son maître et plus humilié encore des soupçons flétrissans
qui planaient sur son austère fidélité, demanda et obtint quelques jours
de délai, au bout desquels il devait être chassé comme un vil fripon,
s'il ne parvenait à fournir à D. A. G...... la preuve incontestable
de son innocence. Le traité se passant à huis clos, il y fut stipulé que
l'on ne soufflerait pas un mot à qui que ce fût, au sujet de la scène
qui venait d'avoir lieu.

Le terme fatal du délai devait expirer un lundi, lorsque le diman-
che soir D. Antonio se vit accoster par son serviteur muni d'une lanterne sourde, et qui, tremblant, les larmes aux yeux, l'accent contrit
et à voix basse, lui dit d'un ton mystérieux : oh ! monsieur, ne m'en
veuillez pas ! vous voulez une preuve ? — Oui ! — Vous persistez ? —
Oui, te dis-je ! — Eh bien, suivez-moi sans faire de bruit.

A ces mots l'homme de confiance, accompagné de son maître et
bienfaiteur, se dirigea vers la cave dans le plus grand silence ; Julio
(le domestique) avait eu soin de bien imprégner d'huile le mouvement
des serrures ainsi que les clés ; on descend à pas lents le grand escalier,
trois portes de galeries voûtées sont successivement ouvertes, la qua-
trième est celle d'un caveau particulier abandonné et rempli de décom-
vres ; Julio alors serre la main de son maître, tombe à genoux et le
conjure de ne pas pousser plus loin ses investigations. D. Antonio s'ir-
rite et s'écrie : *la prueba ! maldito ! la quiero !* Je veux la preuve malheureux ! Il dit : les gonds tournent, tous deux s'avancent en franchis-
sant des monceaux de pierres, et arrivent à une petite porte basse d'où
partent des chants bachiques, des cris de joie, des jurons et des sermens de tendresse. Julio alors cache sa lanterne, saisit le bras de son
maître, déja vivement impressionné, l'entraine vers une fente prati-
quée entre les planches, et lui dit : maintenant regardez et plaignez-moi.

Je laisse à penser quelle dut être la stupéfaction de l'infortuné
G......, quand ses yeux plongeant au milieu d'un magnifique apparte-
ment décoré à l'asiatique, lui permirent de distinguer une dizaine de
personnes, dont partie à table et partie vers le divan, prenaient leurs
ébats d'une façon peu équivoque, quelle fut surtout son indignation et
sa torpeur quand il reconnut sa femme, ses filles et sa nièce étourdies
par les fumées des libations, s'abandonnant sans réserve aux étreintes
d'une demi-douzaine de moines Franciscains, bouillonnant de délire.

Le couvent de St-François n'était séparé de la maison G....... que
par la largeur de la rue, sous laquelle ces cénobites, que rien n'arrête,
avaient pratiqué un souterrain de communication. Cette affaire scandaleuse fut assoupie par l'influence de l'Ordre, et les narrateurs ne m'ont
pas dit si le malheureux D. Antonio avait pu obtenir de faire refermer
cette voie du crime. Peut-être la justice du lieu aura-t-elle décidé en
faveurs des moines, qu'il y avait *servitude acquise par le long usage.*

tour, aux uns comme aux autres et selon l'occur-
rence, soit d'espions, d'assassins, de commis-

Le besoin d'un interprète m'ayant fait provisoirement attacher au quartier-général, je reçus un jour l'ordre de partir avec l'escorte d'un piquet du 5ᵉ régiment de hussards, pour me rendre à Séville, à l'effet d'y établir l'assiette du logement de notre deuxième colonne d'opération. Le lendemain, un jeune officier de dragons, malade, m'ayant prié de le faire loger, je m'informai à un *Alcalde de barrio* (commissaire de quartier) du meilleur gîte existant parmi les bulletins qui restaient. Le choix du fonctionnaire tomba sur une maison d'éducation de jeunes demoiselles, où l'employé m'affirma que notre cavalier serait reçu à merveille ; je remis le billet au camarade qui me remercia en me pressant cordialement la main.

Deux jours après, notre officier ayant manqué à tous les rassemblemens de son escadron, le corps fit une enquête dont j'eus connaissance ; aux renseignemens donnés, je crus reconnaître le militaire qui en était l'objet, et, accompagné de l'alcalde, nous nous rendîmes au couvent. Tout dans cette enceinte respirait le calme de l'innocence. Sur nos questions empressées, la maîtresse du lieu nous répondit, avec un tranquille étonnement, que depuis la veille l'officier ainsi que son soldat n'avaient point paru, que le pavillon où ils logeaient était fermé et qu'on en avait emporté la clé. Le commandant présent ayant demandé à visiter le local, je fis appeler un serrurier : les portes furent ouvertes ; mais quelle fut la stupéfaction et l'horreur des assistans quand, dans la première pièce, nous trouvâmes le dragon étouffé entre deux matelas cordés, tandis que, dans la seconde où ruisselait le sang, nous découvrîmes dans la ruelle du lit le cadavre de l'infortuné lieutenant, percé de nombreux coups de poignards.

Tous nos regards investigateurs se tournèrent vers l'hôtesse qui, terrorifiée et tombant en défaillance, s'écria : « Ah ! mon fils, qu'as-tu fait ? malheureux ! je te reconnais bien là !.. La justice espagnole s'empara de cette affaire, et sans l'intervention française, cette mère infortunée, bien qu'innocente, eût été suppliciée ainsi que deux filles de service. Cependant des recherches minutieuses firent connaître qu'effectivement le fils de l'hôtesse avait été vu l'avant-veille au soir s'introduisant dans le cloître avec deux individus, dont un moine novice de Saint-Paul, et que ces trois fanatiques avaient regagné la montagne le lendemain dès la pointe du jour. Toutes les démarches faites pour les atteindre furent infructueuses. Voilà les moines, rien ne saurait suspendre leur audace lorsqu'il s'agit d'assouvir leurs passions haineuses.

Pendant notre séjour à Cadix, un capitaine de service du 27ᵉ de ligne, traversait les galeries du couvent des moines de la Merced, lorsqu'une odeur infecte attire son attention ; il promène de tous côtés ses regards et s'aperçoit enfin qu'une grande quantité de vers grouillaient en circulant sous une porte. Considérant que ses soldats habitant le voisinage peuvent être incommodés par ces exhalaisons et résolu d'en détourner la cause, l'officier veut faire ouvrir la porte ; les moines se présentent, s'y opposent, et prétextent avoir égaré la clé ; le capitaine persiste,

sionnaires affidés ou de satellites affiliés au tribunal du saint-office.

Ainsi donc : par un étrange renversement des
idées admises, par une bizarre interprétation de
la signification des mots, ceux qui, désabusés sur
une guerre fratricide d'extermination, SE VOYANT
MENACÉS DE DEVENIR LES COUPABLES INSTRUMENS
D'UNE FACTION FANATIQUE ET INEXORABLE (1), se sont
sagement soumis aux immuables décrets de la Pro-
vidence! Ceux, qui tels que Villaréal, le fusil à la

appelle ses soldats, la garde elle-même accourt ; la porte vole en éclats,
mais tous reculent de dégoût et de saisissement au moment où l'ouver-
ture permettant le dégagement des miasmes, laisse apercevoir dans
un angle du caveau, l'affreux cadavre d'un homme pendu, à demi-
rongé de putréfaction. Qu'est-ce que cela signifie? s'écrie l'officier révolté
d'indignation. Ce n'est rien, lui répond avec flegme le chef de la com-
munauté, les Français n'ont rien à voir dans notre discipline. — C'est
possible, monstres ! mais en attendant, fais sur-le-champ évacuer cette
infection où je t'enferme avec. La chose fut exécutée à l'instant, mais
le crime demeura assoupi. Voilà les moines!...

(1) Depuis le général en chef jusqu'aux simples soldats qui, dès le
principe, se présentèrent volontairement pour marcher sous la bannière du prétendant, tous, sans exception, n'avaient en vue que de
soutenir le maintien de la loi salique et des *fuéros*, dont l'abus était
dégénéré en coutume. Toutefois, du moment où chacun se vit trompé
dans son attente par la manifestation des principes despotiques que
prêchaient des jésuites et des moines, et que sanctionnait la faiblesse
d'un prince illuminé; chacun, honteux de se voir pris au piége, et
se refusant à accepter le rôle de dupe, reconnut qu'il était en droit
de se dégager d'un pacte aussi perfidement violé par l'astuce, l'égoïsme,
la stupidité et l'intrigue.

S'il eût été phénoménalement étrange de voir des hommes de cœur
et d'honneur, pactisant avec l'ignominie, se sacrifier d'abnégation pour
le rétablissement de l'horrible inquisition, la chose une fois accomplie
au prix de flots de sang répandu, il n'eût pas été moins curieux de remarquer, immédiatement après, les sandales du moine placées comme
nec plus ultra, à la porte de la chambre à coucher de Madame la mar-
quise, ou de la boutiquière, avec interdiction formelle au mari militaire, ex-soutien *de la bonne cause*, de passer outre, sous peine de
s'exposer aux vengeances, tortures, incarcérations et auto - da - fé du
sacré tribunal.

main, mêlés aux tirailleurs de l'arrière-garde, pro-
tégèrent jusque sur le sol Français la retraite de
D. Carlos, en combattant comme simples soldats,
pour le salut de leur prince! Ceux qui, rendus
sur l'extrême frontière et prêts à déposer les armes, les ont soudainement ressaisies pour consu-
mer leurs dernières cartouches! Ceux qui, comme
Zariateguy, trois jours après la défaite devant
Urdach, livrés à leurs propres ressources, soutenaient encore la campagne contre des forces dé-
cuples! Tous ces hommes de mérite, de cœur et
d'abnégation, au dire sophistique du fougueux
moine Casarès, sont des félons et des traîtres! Tandis que les infâmes scélérats auteurs des pillages,
des viols et des massacres de Véra! les monstres,
les tigres égorgeurs de la vallée de Bastan; ces
hordes dévastatrices d'assassins couverts de sang,
souillés d'opprobre et de luxure, ces bandes hi-
deuses que guident des capucins, qu'excitent les
moines et que dirigent les révérends pères disciples de Loyola, seront sans doute par eux cano-
nisés!...

Misérables! si ce sont là les dogmes de votre
foi, allez! partez, fuyez! disparaissez à jamais!
l'humanité vous réprouve! les générations vous
exècrent, le monde entier vous condamne, et
l'être suprême que vous profanez vous foudroie
de son anathème!.....

Plus d'illusions !

La scène se passe à l'entrepôt des réfugiés établi à Marrac ;
le colloque a lieu entre deux officiers supérieurs de l'armée
carliste et le capitaine français commandant le piquet.

LE LIEUTENANT-COLONEL D. JUAN. — Il faut avouer,
capitaine, que vos carlistes de France dont on
vantait tant le dévouement et les sympathies, se
conduisent envers nous d'une manière bien
étrange ! Comment se fait-il que dans l'état de dé-
tresse où nous sommes réduits, aucun de ceux
qui nous prônaient depuis six ans, ne se soit présenté pour nous offrir le moindre secours ni le
plus petit soulagement, tandis que le parti opposé
nous environne au contraire de soins et d'égards
auxquels nous étions fort éloignés de nous attendre.

LE CAPITAINE. — Je vous dirai à cela que vous
faites beaucoup trop d'honneur aux premiers, en
leur supposant une opinion quelconque ; car les
neuf dixièmes de ces intrigans égoïstes qui infes-
taient la frontière, ne s'affublaient du masque de
partisans de D. Carlos que pour obtenir la préfé-
rence dans les entreprises de fournitures et pouvoir mieux pêcher en eau trouble. L'expérience
doit vous démontrer qu'il en est de toutes ces

protestations de zèle comme d'une monnaie de contrebande dont le cours est subordonné à la durée du rôle de contrebandier (1). Du moment où il n'y a plus de bénéfices de cent pour cent à attendre, il n'y a plus de manifestations sympathiques à espérer. Tel est le caractère de ceux qui vous abusaient pour mieux vous rançonner.

Quant à la conduite du parti libéral, elle n'a rien que de très-naturel et ne doit en rien vous surprendre : c'est la conséquence de ses principes; ses adversaires désarmés et malheureux ne sont plus à ses yeux que des frères envers lesquels l'humanité lui fait un devoir de compâtir.

LE COMMANDANT D. CARLOS. — Croiriez - vous bien, capitaine, que dans l'affreuse situation où vous me voyez, en arrivant à Ustaritz, je fus accosté par un sieur T., fabricant de chocolat, lequel me prenant à part, m'offrit non du linge pour me changer, non une chaussure ou des vêtemens pour couvrir ma nudité, non du pain ou un verre d'eau pour soutenir mon épuisement, ce qu'il eut l'infamie de m'offrir, *c'est de me cacher*

---

(1) Situé à quelques lieues des frontières de France, le quartier dit *royal* de D. Carlos, offrait au milieu des montagnes pyrénéennes l'aspect pittoresque d'une attristante sauvagerie ; que l'on s'imagine au centre de ces gorges, un assemblage confus de paysans, de soldats, de prêtres, de contrebandiers, d'ânes, de chevaux, de jésuites, de mulets, de moines, de jongleurs, de juifs, de perruquiers, de capucins, d'apothicaires, gourgandines, rôtisseurs et aventuriers de toutes les nations, affublés de soutanes, de dolmans, de frocs, de blouses, de zamarres, de capuchons, et vêtus de peaux d'ours, de chèvre, de mouton, etc.... Bref, quiconque n'a pu voir ce bizarre cortège du prétendant, n'a, s'il veut s'en faire une idée, qu'à contempler la gravure fantastique qui représente la tentation de Saint-Antoine.

pour me faire rentrer immédiatement en Espagne; c'est-à-dire de faire de moi un vil conspirateur, un artisan de nouveaux désordres et de m'exposer ainsi au supplice que l'on réserve aux traîtres.

Le capitaine. — Je crois tout en fait d'atrocités de la part de cette abjecte canaille; rien ne m'étonne de ces drôles, en ce qui est de leur perfidie; j'entrevois même qu'en vous adressant cette proposition, ce misérable avait déja probablement calculé ce que pourrait lui procurer une dénonciation où il s'engagerait à vous livrer pieds et poings liés aux autorités du parti qu'il feignait de desservir.

D. Carlos. — Que pensez-vous encore d'un de vos marquis dont je fus reconnu à Bayonne, et qui eut l'aberration de me dire à moi, comte de L., neveu du comte d'Esp.... « *Comment, c'est vous? eh! pourquoi n'êtes-vous pas venu frapper à ma porte?* » Ainsi, encore noirci par la poudre d'Urdach, et me traînant nu-pieds, le fat admettait que ce fût à moi d'aller à sa rencontre.

Le capitaine. — Je pense que la bassesse et l'insolence sont filles de l'orgueil; la réception que ces messieurs vous ont faite prouve qu'il y a chez eux plusieurs manières d'interpréter les lois de la délicatesse, de l'honneur, de l'humanité et de la chevalerie.

D. Carlos. — Oui, mais maintenant que nous savons à quoi nous en tenir, ILS NE NOUS Y REPRENDRONT PLUS!....

Le capitaine. — Ainsi soit-il!....

PREMIÈRE PROCLAMATION

DU

LIEUTENANT-GÉNÉRAL MAROTO,

A L'ARMÉE ET AUX POPULATIONS.

« SOLDATS,

« HABITANS DES PROVINCES BASQUES ET DE LA NAVARRE,

« Voilà cinq années accomplies d'héroïques sacrifices : votre sang abondamment répandu, la perte de vos fortunes et d'indicibles souffrances de toute espèce, comme celles que vous avez supportées pendant votre admirable résistance, ne suffisent pas pour appaiser aujourd'hui la cupidité d'hommes immoraux qui, à l'ombre du monarque et jouissant des illusions, des positions, du bien-être, ont vu et voient encore avec indifférence vos privations, vos fatigues, votre mort même, tant qu'elles leur assurent le sommeil dans la mollesse et leur existence à vos dépens.

« Vous avez été témoins de l'état déplorable où vous étiez quand j'ai pris votre commandement et votre direction; vous êtes également témoins des soins que j'ai mis à ne pas perdre votre confiance. Si mes prières adressées au monarque ont influé d'une manière quelconque afin qu'il vous accorde ce qui vous revient en bonne justice, je n'ai

pu cependant arriver complétement à mon but parce que
des projets de fournitures dans lesquelles se trouvent
combinées des spéculations particulières ont contrarié
mes désirs et éloigné de mon cœur l'espérance que j'ai pu
avoir un jour, espérance fondée sur des paroles réitérées
par lesquelles il m'était assuré qu'on ne s'écarterait pas
de la juste considération que je méritais en s'arrêtant à
l'extrême hardiesse des hommes malveillans qui font cir-
culer des nouvelles injurieuses pour vous, et où ils disent
qu'entièrement payés et habillés, vous ne faites autre
chose qu'affliger les populations.

« Ils ont voulu m'obliger à vous conduire à l'attaque des
fortifications ennemies, à vous sacrifier dans de nouvelles
expéditions; et lorsqu'ils ont rencontré ma résistance opi-
niâtre qui voulait vous conserver la vie, ils ont eu recours
à la trahison et à d'infâmes moyens pour vous séduire. Ils
ont fait une publication scandaleuse de pièces apocryphes
et subversives; ils ont déclamé au milieu des rues, des
places, et jusque dans le cloître austère et pieux, des paroles d'anarchie, de sédition et de sang; ils ont enfin
cherché, sans trop dissimuler leurs désirs, à vous plonger
dans de nouveaux malheurs et de nouvelles amertumes,
en échange de vos chagrins et de vos incomparables ca-
lamités, en m'obligeant par des rapports et des pièces
justificatives qui m'ont été envoyés à Tolosa, à changer
mon plan, à me rendre en toute hâte dans ce lieu d'honneur, de loyauté et de vaillance, afin de châtier la gra-
vité de tels excès.

« Vous tous savez les faits, car leur notoriété est générale; vous ignorez cependant que j'ai demandé trois fois
au monarque, par l'entremise de personnes respectables
qui sont à mes côtés, d'être relevé d'un commandement

que je n'avais pas demandé; mais une fois le pouvoir dan
les mains, je ne permettrai pas qu'il soit souillé d'un af
front ignominieux. J'ai observé votre constance, j'ai re
marqué vos dégoûts, et, plein de reconnaissance pour l
confiance fraternelle que je vous parais mériter, je mour
rai parmi vous. Je ne permettrai pas plus long-temps, j
vous le jure, le triomphe de la trahison, de la cupidité e
du mensonge. Les auteurs qui provoquaient une séditio
militaire sont prisonniers, j'ai fait peser sur eux un chât
ment exemplaire qui mettra un frein aux machination
qui pourraient entraver nos travaux, et, les rendant inu
tiles, vous faire gémir enfin sur votre infortune.

« La rigueur des peines établies par les lois militaire
vient de se faire sentir; je serai inexorable dans leur ap
plication pour toute personne qui, oubliant ses devoirs
sacrés, en dépassera les limites. Lorsque viendra à se cal
mer le premier germe révolutionnaire dans lequel on a
voulu nous envelopper, moi-même je vous présenterai la
justification légale des actes que j'ai préparés de concert
avec le conseiller de guerre auditeur général de l'armée,
à qui je fournirai toutes les preuves dont je dispose.

« Volontaires, nobles enfans du royaume et des provin-
ces Basques : *Vive le Roi! Vive la subordination!* Que
notre devise soit la Religion ou la mort et la restauration
de nos antiques lois pour lesquelles nous mourrons tous;
chassons d'auprès de nous tout homme ambitieux qui ne
coopère pas efficacement au triomphe de la cause que
nous défendons, et pour laquelle vous voyez couverts de
deuil vos pères et les foyers qui vous ont vus naître.

« Estella, le 18 février 1839. »

Le Chef d'État-Major général,

Raphael MAROTO.

MANIFESTATION

DU

LIEUTENANT-GÉNÉRAL MAROTO,

A S. M. CHARLES V.

« L'indifférence avec laquelle V. M. R. a écouté mes plaintes pour le bien de sa juste cause depuis que j'eus l'honneur de me mettre à V. P. R. dans le royaume de Portugal pour la défendre, et plus particulièrement encore lors de mes aigres contestations avec le général Moreno, qui voulut obscurcir et déprécier mes services rendus dans la bataille soutenue contre le rebelle Espartero sur les hauteurs d'Arrigorriaga, bataille qui aurait dû et pu amener le terme de la guerre, vu que l'ennemi comptait sur bien peu de forces, surtout après la reddition de Bilbao, qui ne pouvait manquer, puisque toute l'armée qui y était enfermée ainsi que la division anglaise, étaient effrayées, sans vivres pour plus de huit jours, leur chef blessé, et avec la confiance positive que j'avais que pas un seul homme ne pouvait échapper; ce qui amenait infailliblement la marche franche de V. M. sur Madrid, évitant

par cette prise de possession de votre capitale les ruis-
seaux de sang qui ont coulé depuis : tout cela, sire, m'a
mis dans la dure nécessité, non pas de manquer au respect dû à V. M., mais d'adopter quelques mesures qui
assurent l'ordre pour l'avenir, la soumission, la discipline
militaire, et le respect que les autres classes de personnes
doivent avoir pour moi, à cause du poste auquel je suis
arrivé avec honneur, et en servant constamment et avec
utilité ma patrie et mon roi.

« J'ai fait fusiller hier les généraux Guergué, Garcia,
Sanz, le brigadier Carmona, l'intendant Uriz, et je suis
résolu, par la preuve que j'ai d'un attentat séditieux, à en
faire fusiller d'autres, que je ferai arrêter sans considération de personnes ni de distinctions, étant pénétré,
comme je le suis, que par cette mesure j'assure le triomphe de la cause que j'ai promis de défendre, ET QUI N'EST
PAS LA CAUSE DE V. M. SEULEMENT, mais celle de plusieurs
milliers d'individus qui seraient victimes si la cause se per-
dait (1). Pour appui de mes résolutions, j'ai la volonté générale de l'armée ainsi que des peuples, fatigués de souf-
frir la marche tortueuse et vénale de tous ceux qui ont
dirigé le timon de ce bâtiment aventuré, qui voyait cependant déja de loin le port de salut.

---

(1) Si le général en chef a eu un tort, le seul que nous lui recon-
naissons, c'est de n'avoir pas, dès le principe, fait empaler D. Arias
Tejeiro et sa bande, juger et fusiller sur l'heure, devant une caisse de
tambour, tout militaire convaincu de sédition, et pendre sur la montagne des Trois-Couronnes, tous les moines, capucins ou jésuites, pris
en flagrant délit d'intrigues ou de vociférations tendant à soulever les
populations comme à exciter la révolte dans les rangs de l'armée. Si cette
mesure énergique eût été prise au mois de mars, il y aurait eu, il est
vrai, environ cinq cents victimes de plus ; mais le terme de cette guerre
déplorable en dépendait, et l'Espagne, délivrée six mois plutôt, s'af-
franchissait à jamais du joug monacal.

« Qu'une fois au moins, mon Roi et Seigneur, la voix d'un sujet fidèle arrive jusqu'à votre cœur, pour vous faire céder à la raison et vous la faire écouter, quand ce ne serait que parce que cela convient ainsi, certain, comme vous devez l'être, que le résultat vous prouvera que vous avez été trompé par les vues particulières de tous ceux qui, jusqu'à ce jour, vous ont conseillé.

« La mesure la plus noble, la plus simple et la plus infaillible pour tout concilier, est entre les mains de V. M. qui n'ignore pas les germes de discorde qui sont semés et fomentés par des personnages de votre quartier-royal : que V. M. leur ordonne de partir immédiatement pour la France, et la paix, l'harmonie et la joie règneront parmi vos vassaux ; dans le cas contraire, sire, lorsque les passions arrivent à un certain degré de chaleur, les événemens se multiplient et les malheurs s'enchaînent ; je dis les malheurs, parce qu'on doit toujours regarder comme tels la nécessité d'attenter à la vie de ses semblables.

« J'étais résolu de me retirer pour vivre auprès de mes enfans, parce que moi, sire, je ne suis pas venu servir V. M. pour chercher de la fortune ni de la réputation ; mais maintenant je ne puis plus le faire : j'ai consacré mon existence au bien-être et à la félicité des peuples et de l'armée qui appartiennent à ces provinces, et par conséquent je prie V. M. de nouveau de céder au vœu de tout le monde, en accordant ce que tous désirent, et peut-être ainsi faciliterez-vous le terme d'une guerre qui inonde de sang innocent le sol espagnol, sang versé par le caprice et la férocité de quelques ambitieux.

« J'ai nommé plusieurs fois à V. M. les personnes qui, par leurs actes, se sont attiré la haine générale, et vous avez bien près de vous ceux qui jouissent généralement d'une bonne opinion : que V. M. les appelle à ses côtés pour la direction et le conseil dans toutes les affaires qui nous agitent dans le moment actuel; bientôt V. M. se convaincra que c'est le seul moyen d'agir qui soit juste et prudent.

« V. M. tient renfermés dans de rigoureuses prisons, depuis des années entières, des chefs de mérite que la jalousie ou la plus noire intrigue a seule pu présenter à V. M. comme criminels ou traîtres; et c'est d'après ces données qu'on les a mis en cause, mais d'une manière si obscure, par malice, que l'Europe entière en est dans l'étonnement. V. M. doit connaître qu'il y a une obstination singulière à soutenir l'opinion manifestée dans le royal décret que l'on vous fit signer et publier sitôt après votre retour dans ces provinces : V. M. ne peut avoir oublié tout ce que j'ai dit là-dessus au secrétaire don José Arias Tejeiro, pour arriver à la connaissance des auteurs d'un si grand compromis.

« Je dois sauver ma réputation et justifier ma conduite à la face du monde entier, qui m'observe ; par conséquent V. M. me permettra de publier, par le moyen de la presse, cette manifestation respectueuse, ainsi que tous les actes que je pourrais être obligé de faire par suite des circonstances actuelles.

« Dieu garde la personne royale de V. M. de longues années, pour le bien de ses vassaux.

« Quartier-général d'Estella, le 20 février 1839.

« SIRE, A. P. R. DE V. M. :

« *Son vassal et général,*

« RAPHAEL MAROTO. »

DEUXIÈME PROCLAMATION

DU

LIEUTENANT-GÉNÉRAL MAROTO,

A SES TROUPES.

« Volontaires,

« La conduite héroïque que vous avez tenue ces derniers jours remplira d'admiration le monde entier ; mon cœur en sera éternellement reconnaissant parce que, par votre subordination, vous avez offert un exemple peu connu dans l'histoire, en assurant à jamais le triomphe de la juste cause que vous avez résolu de défendre : tant de fermeté et de constance vous garantissent la réalisation de l'œuvre immense à laquelle nous nous sommes dévoués. Que nos ennemis soient vaincus en combattant, ou bien qu'ils déposent les armes et se soumettent au souverain, telle doit être notre devise.

« Surpris par les hommes misérables et ambitieux rassemblés autour de lui, le roi se prêta à la publication d'un décret inopportun, illégal et aussi étrange que calomnieux, comme plus tard cela a été prouvé par la dernière résolution du souverain, qui a été communiquée, et par notre conduite loyale et respectueuse. Ma conscience était tranquille, rien ne m'effraya, rien n'aurait pu m'arrêter, sûr que j'étais de ce que l'armée et les populations, témoins de ma conduite passée et présente, écouteraient ma voix et suivraient mes pas qui eurent toujours pour but le bonheur de tous; et cela au mépris de ma vie, de mon repos, car je préfère mille fois la mort que de céder en la moindre chose, aujourd'hui que je compte au milieu de vous.

« L'allégresse publique, le généreux enthousiasme que vous avez témoigné en apprenant que le roi avait entendu mes plaintes et les avait accueillies avec bienveillance, en imprimant à mon cœur le sceau d'une éternelle gratitude, me promettent aussi un avenir heureux en retour des efforts que j'ai résolu de mettre en œuvre, soit pour consolider votre sécurité, soit pour arriver au terme d'une guerre fratricide et atroce comme celle qui nous déchire et nous dévore.

« Mon cœur pardonne à tous ceux qui, séduits par la fourberie d'êtres vils et rampans, que toutes les sociétés repoussent, osèrent m'injurier dans les premiers momens des événemens passés; mais si cette circonstance autorise à l'indulgence, je suis fâché que ne connaissant pas la faiblesse de leurs pauvres pensées, ils aient provoqué en quelque sorte le dégoût ou notre colère. D'abord mon cœur a pour barrière l'obéissance qu'on a dû garder à la volonté souveraine, exprimée par le chargé du département de la secrétairerie d'état, don José Arias Tejeiro, et publiée par lui-même. Si cette volonté a dû être acceptée, la modération, le respect et la prudence conseillaient de l'éluder et de ne pas adopter des moyens de tumulte et de soulèvement qui se dirigeaient contre le roi

et contre un général dont tout le monde connaît l'atta-
chement à la juste cause, et la loyauté qui ne s'est jamais
démentie.

« Nous savons tous le caractère qui noircit et fait mé-
priser le malveillant Tejeiro, et personne n'ignore qu'il
servait les ennemis, chez lesquels il se fesait remarquer
par ses actions exaltées, lorsque je comptais pour moi
de longs jours passés au milieu des périls de la mort, uni
aux fidèles défenseurs du trône espagnol et de notre sainte
religion. Il m'est pénible de rappeler les fautes d'autrui,
mais les circonstances m'y obligent. Quels étaient les
mérites de cet homme grossier et audacieux pour que,
en arrivant de chez les ennemis, où il était accrédité par
des faits signalés, on le mît à la tête de toutes nos affaires?

« C'est de là que sont nées les fatales conséquences par
lesquelles la désunion a été introduite parmi nous; de là,
l'expédition que le roi N. S. a faite dans les Castilles, et
ses fâcheux résultats; de là, le décret surprenant d'Arci-
niega, les oscillations que nous avons éprouvées sur le sol
même de la fidélité; de là vient qu'on a séquestré comme
des traîtres les hommes qui s'étaient le plus distingués,
l'emprisonnement de chefs vaillans, tous de la classe de
vos premiers compagnons, que vous avez vus se battre
avec sérénité, enthousiasme et décision, après qu'on
avait attenté contre leur vie, et spécialement dans les
mouvemens d'Estella où Tejeiro essaya d'arracher au
monarque un décret de mort contre certains de ses sujets
dont je ne puis ici découvrir les noms, mais dont je me
souviendrai dans mon cœur en temps opportun, vu la
complication qui maintenant me force à les taire. C'est
de là qu'est venu le désastre de Peñacerrada, le refoule-
ment de nouvelles expéditions envoyées comme à la mort,

la perte de plus de vingt-neuf bataillons, l'effusion d'un sang innocent et Espagnol, les vols et les assassinats commis sans distinction, et enfin, VOLONTAIRES, la perte de nos sacrifices. L'imposture, l'envie, la méchanceté intronisées, ont arraché sans motifs à nos rangs des chefs et des officiers couverts de blessures sur le champ de l'honneur; et sans leur donner raison de cette conduite, on leur indiquait pour résidence des points dangereux, satisfaisant ainsi d'une main traîtresse la soif de sentimens haineux.

« Vos généraux les plus dignes perdirent la confiance, et ceux qui n'étaient pas emprisonnés étaient tellement confinés dans certaines positions qu'ils n'auraient pu en sortir même après mes demandes réitérées, si la crainte sous laquelle ces misérables abritaient les derniers événemens, ne leur eût donné la confiance qu'ils sauveraient leurs personnes à l'ombre sacrée de cette parole! *le roi le veut, sa cause est en danger* : FONCTIONNAIRES DÉTESTABLES QUI, FORMANT UNE FACTION CONTRE LE ROI ET CONTRE LA LÉGITIME CAUSE QUE NOUS DÉFENDONS, NOUS CONDUISAIENT DANS L'ABÎME LE PLUS PROFOND ET ENLEVAIENT A NOS FIDÈLES HABITANS JUSQU'A L'ALIMENT NÉCESSAIRE A LEURS PERSONNES ET A LEURS FAMILLES.

« Je ne vous parlerai pas des antécédens d'hommes aussi exécrables : en 1828, Tejeiro était un misérable secrétaire du conseiller Marco del Pont, et don Diégo Garcia, né à Malaga, secrétaire de ce gouverneur. En 1831, par des actions qui offensent l'honneur et que déteste la saine morale d'un fidèle royaliste, il est devenu employé du ministère de grâce et justice. Ce sont de tels élémens qui soutenaient la cause de notre roi : et sous la faible égide d'autres gens obstinés, guidés par l'impulsion de leurs passions ignobles, nous marchions tous à la ruine et au déshonneur, poussés par un parti de trahison qui ne tendait qu'à s'enrichir aux dépens des milliers de personnes qui unissent dans toute l'Europe leur sort au triomphe de la légitimité; et cela pendant que de nouveaux impôts, de plus grands sacrifices, une répartition plus obscure, redoublaient nos travaux et nos privations.

« Je serai le plus heureux des hommes si je parviens à obtenir un adoucissement à tant d'afflictions, la paix et la victoire; mais, seul, cela m'est impossible. J'ai besoin de personnes qui secondent mes vœux, qui s'opposent aux machinations des pervers qui sont au milieu de nous avec des idées de perfidie et de vengeance implacable. Pour faire preuve de royalisme, il ne suffit pas de suivre machinalement sa bannière; il faut des faits sincères et purs, il faut travailler avec unité et enthousiasme, repousser toute pensée d'ambition et toute vue personnelle. Quant à moi, je vous jure par ce que j'ai de plus sacré dans mon honneur, que lorsque vous manifesterez de la répugnance à m'écouter, à m'obéir, ou lorsque le roi m'ordonnera d'abandonner son armée, je marcherai tranquille au sein de mes enfans, pénétré de l'amertume de vos malheurs, mais jamais avec l'odieuse épithète dont la trahison veut me flétrir : en attendant, l'ordre et la soumission à mon commandement seront les seuls objets de ma sollicitude. Une fois l'intrigue et la cupidité bannies, votre général et votre compagnon vous assure la victoire.

« Quartier-général de Durango, le 3 mars 1839.

« Raphael MAROTO. »

LISTE DES CHEFS

QUI ONT CONTRIBUÉ AU TRAITÉ ET QUI L'ONT SIGNÉ

AVEC LE CONCOURS DES GÉNÉRAUX :

D. Simon de LA TORRE.

D. Antonio URBISTONDO.

D. Angel Maria de la FUENTE, auditeur-général de l'armée.

Le brigadier D. José Ignacio de ITURBE.

Le colonel D. Manuel Alvarez TOLEDO.

Le chef de brigade D. Hilario Alonzo CUEVILLAS.

Le brigadier D. Francisco FULGOSIO.

Le brigadier D. Juan CABAÑERO.

D. Antonio Diaz MOGROBEJO, commandant de bataillon.

D. Manuel LASALA, *idem*.

D. José FULGOSIO, *id.*

D. Leandro de EGUIA, commandant des compagnies de sergens et de cadets.

D. Francisco Paula SELGA, commandant d'artillerie.

D. Manuel de SAGASTA, chef d'escadron.

D. Pantaleon Lopez AYLLON, *idem*.

D. Fernando CABAÑAS, chef de brigade de cavalerie.

LISTE DES CHEFS

QUI ONT DONNÉ AU GÉNÉRAL MAROTO LES POUVOIRS DE TRAITER POUR LA DIVISION DE GUIPUZCOA.

D. Bernardo ITURRIAGA, commandant-général.

D. Manuel ORIBE, chef de la 1re brigade.

D. José Antonio de SOROA, chef de la 2e brigade.

D. Isaac RAMERY, commandant du 7e bataillon.

D. Manuel IBERO, *idem* du 5e.

D. Manuel FERNANDEZ, *id.* du 1er.

D. Faustino ECHETO, *id.* du 3e.

D. Aniceto ALUSTIZA, *id.* du 4e.

D. José Joaquin de AGUINAGA, second commandant du 5e bataillon.

D. Domingo de ARTOLA, 2e *id.* du 6e.

D. Gregorio de VALACAIN, chef d'état-major.

D. José Ignacio de ITURBE, chef de brigade.

D. Manuel ALTAMIRA, commandant du 7e bataillon.

D. Zacarias de JAUREGUY, *id.* du 2e.

D. José Manuel de ECHARI, second commandant du 7e.

D. Ignacio de ARANA, *id.* du 4e.

D. Lesmes VASTERICO, *id.* du 2e.

POUR LA DIVISION DE BISCAYE.

D. Juan Antonio de GOYRI, commandant-général.

D. Juan Antonio VÉRASTÉGUI, chef de la 1re brigade.

D. Pedro de ORUE, chef d'état-major.

D. Antonio de URRUSALO, commandant du 2e bataillon.

D. José Pascual de IBARZABAL, chef de bataillon.

D. José Antonio de AGUIRRE, *idem.*

D. Félix de ALDAY, *id.*

D. Juan Jose de PEREA, *id.*

D. Nicolas de SESUMAGA, *id.*

D. Guillermo de GALARZA, *id.*

D. Manuel Ibañez de ALDECOA, *id.*

D. Manuel José de ORRENGOETCHEA, *id.*

D. Martin Luciano de ECHEVARRI, *id.*

D. Bonifacio GOMEZ, *id.*

D. Nicolas GOGENURI, *id.*

D. Nicolas AGUISA, *id.*

D. Castor de ANDECHAGA, commandant-général de la province de Santander.

LETTRE

DU COMMANDANT GÉNÉRAL DU GUIPUZCOA

AU LIEUTENANT-GÉNÉRAL

D. RAPHAEL MAROTO.

Andoain, le 18 août 1839.

MON VÉNÉRABLE GÉNÉRAL !

J'ai eu ce matin, à dix heures, une entrevue avec Aldave, envoyé par Elio pour savoir dans quelles dispositions se trouvait cette division ; nous lui avons franchement manifesté notre façon de penser, *dans ce sens que : non-seulement nous ne ferons point un pas arrière, mais encore que nous sommes fermement résolus à conduire à fin l'entreprise.* Si j'ai le plaisir de vous voir d'ici à une couple de jours, nous nous expliquerons plus amplement. J'ai déja dit à Aldave, que j'ai renvoyé à Echalar, que vous n'entendiez en aucune manière qu'il soit échangé un seul coup de feu contre le 5ᵉ bataillon, et qu'il ait à en faire part à Elio, ce qu'il est convenu d'exécuter.

S. M. est sortie hier de Tolosa dans le but d'avoir avec vous une entrevue, ce que je suppose s'être déja vérifié : en tous cas, *nous demeurons tous ici invariables.*

BERNARD ITURRIAGA.

Tout est conforme aux originaux dont je réponds :

RAPHAEL MAROTO.